子どもに伝えたい
和の技術

寿司(すし)

著　和の技術を知る会

## すしの世界は広く楽しい

　「すし」と聞くと、みなさんは何を思い浮かべるでしょうか。にぎりずしやちらしずし、のり巻き、家族で楽しむ手巻きずしなどいろいろありますね。どれもごはんを酢めしにしたものですが、もともとのすしは発酵させてすっぱくなった魚だけを食べていました。これらのすしは、どこからきたのでしょうか。

　また、日本各地には「これがすし？」と感じるようなものが、地域に伝わり形をかえて、いまも郷土料理として作り食べられています。

　みなさんの知るにぎりずしも江戸時代に誕生し、そのあとに全国に広がりました。いまでは海外で「ＳＵＳＨＩ」という言葉が通じるほど、世界中に広がってきています。

　ふだんわたしたちが食べているすしに、どんな技術が、どんな背景があるのか、いっしょにたずねてみましょう。知れば知るほどに、日本の食文化のひとつである「すし」のすばらしい世界を知り、楽しさがわかるはずです。

## すしの世界へようこそ！・・・・・4

日本各地のすしを知ろう① 　近畿・中国・四国・九州・沖縄…………4
日本各地のすしを知ろう② 　北海道・東北・関東・北陸・東海…………6
すしの主な種類を知ろう…………8

## すしの技を見てみよう！・・・・・10

すし店のスゴ技① 　　にぎる……………10
すし店のスゴ技② 　　すしダネを作る……………12
飾りずしのスゴ技 　　巻きずし……………14
　　　　　　　　　　ちらし花ずし……………15
すしロボットのスゴ技　にぎる技……………16
　　　　　　　　　　まだあるすしロボットの技……………17

## すしを作ろう！・・・・・18

酢めしを作る……………18
細巻きを作る……………19
パンダの太巻きを作る……………20

## 進化するすしの魅力・・・・・22

新しいすしの登場……………22
世界に広がる SUSHI……………24

## もっとすしを知ろう・・・・・26

すしの歴史……………26
江戸前ずしの誕生……………27
おすし屋さんのこと……………28
すしと祭り・行事……………30
すし職人になるには……………31

# すしの世界へようこそ！

子どもの好きなものランキングでいつも上位にいるすし。すしといっても、にぎりずしだけでなく、「これもすし？」と思えるようなものなど、さまざまな種類があります。まずは、いろいろなすしを見てみましょう。すしの世界はとっても広く、奥深いですよ。

## 日本各地のすしを知ろう①
### 近畿・中国・四国 九州・沖縄

各都道府県から特色あるすしを西から紹介します。歴史のあるもの、地域の文化に根づいたもの、特産品を使ったものなど、いろいろなすしを見てみましょう。

※紹介するすしはごく一部です。みなさんの住んでいる地域や周辺では、どんなすしがあるのか調べてみましょう。

**➡ 岩国ずし（山口県）**
まぜずしと具材を交互に重ねて作る押しずしで、切り口のきれいな層が特徴。数十人分という大きさで作るのもみごとです。

**➡ 蒸しずし（島根県）**
蒸籠にちらしずしをはなやかに盛りつけ、蒸気で蒸した温かいすし。

**⬆ アジの博多押し（福岡県）**
博多帯のように、美しく層になった押しずし。層を見せるために切り口を上にして盛りつけます。

**⬆ 須古ずし（佐賀県）**
白石町須古地区に伝わる押しずし。木箱に酢めしをしいて小分けに区切り、ムツゴロウの蒲焼やいろどりの具材をのせたもの。

**⬆ アジの丸ずし（大分県）**
小アジを丸のまま背開きにして酢じめにし、にぎった酢めしをつめ、しそをあわせたもので、大分県沿岸部の家庭に伝わる料理です。写真では赤じそを巻いています。

**⬆ 大村ずし（長崎県）**
約500年前に作られたといわれる大村市の郷土料理。祝い事やもてなし料理として作られ、あざやかな錦糸玉子がたっぷりのっています。

**➡ 南関あげ巻きずし（熊本県）**
のりのかわりに南関町名産、30cm角の大きな油あげ、南関あげを使った巻きずしです。

**⬅ 海ぶどうのすし（沖縄県）**
沖縄県特産品の海ぶどう（海草）をすしの具材として使います。手巻きずしやにぎりずし、軍艦巻きなどいろいろ。

**⬆ メヒカリずし（宮崎県）**
エメラルドグリーンの目が特徴の小魚のメヒカリは延岡市の名物。いろいろな調理をしますが、すしも人気です。

**⬅ 酒ずし（鹿児島県）**
酢のかわりに鹿児島特産の地酒（灰持酒）をごはんにまぜておけに盛り、山海の幸や錦糸玉子をのせて作る伝統料理です。

**↑ 柿の葉ずし（鳥取県）**
実山椒をのせたマスのにぎりずしを、柿の葉にのせた郷土ずし。柿の葉でくるむ押しずしとは異なります。お盆や祭りのおもてなし料理です。

**↑ ばらずし（岡山県）**
魚を酢漬けにした酢でごはんを味つけ、さらに上にも具材を盛りつける豪華さが特徴です。

**↑「鯖姿寿司」（京都府）**
日本海から運ばれる塩漬けのサバを使い、祭りのごちそうとしてサバずしが作られ、すし店「いづう」が売るようになり、京都の名産品になりました。

**↑ あずまずし（広島県）**
酢めしのかわりにおからを使うすしを「あずまずし」といいます。写真はコハダの酢じめを具材にしていますが、ほかの魚介も使います。

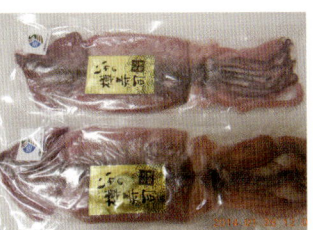
**← イカのなれずし（兵庫県）**
とれたてのスルメイカを天日干しし、ごはんと麹をまぶし、40〜50日間漬けて発酵させたもの。新温泉町の郷土ずしです。

**← 箱ずし（大阪府）**
季節の魚介などをいろどりよく並べ、見た目の美しさにこだわるのも特徴です。

**↑ フナずし（滋賀県）**
塩漬けしたフナをごはんとあわせて発酵させたなれずし。奈良時代に朝廷に献上していました。

**← めはりずし（奈良県）**
「目を見張るほど大きな口を開けて食べるから」などと名前の由来があります。ごはんを高菜の漬物で巻いたもので、昔はソフトボールくらいの大きさでした。

**← こけらずし（和歌山県）**
黒豆が使われているのが特徴。そのほかにサバの酢じめや高野豆腐などをのせます。地域により、何層にも重ねられることも。

**↑ サバなれずし（和歌山県）**
アセ（暖竹ともいう竹に似た植物）で包んでおもしをして作る、平安時代から伝わる郷土料理です。

**← 丸ずし（愛媛県）**
酢めしのかわりにおからを丸くにぎり、宇和島の海でとれた魚を巻いたもの。

しめ栓

**遊山箱**
三段重ねの弁当箱。徳島では五月の節句に子どもたちが行楽へ行く風習があり、その際に持って行きました。中には巻きずしや煮物などを入れます。

**↑ 田舎ずし（高知県）**
山間の地域で伝わっている、主に山菜やこんにゃくなどで作るすし。酢めしにゆず酢を使うのも特徴です。

**↑ カンカンずし（香川県）**
サワラなどの魚の押しずしで、しめ栓を木づちでカーンカーンと打っておもしにしたことから、呼び名がつきました。

**↑ ボウゼ姿ずし（徳島県）**
「ボウゼ」とはイボダイのこと。背中から開き、酢めしをつめて押しずしにした郷土料理で、秋祭りに食べる風習があります。

# 日本各地のすしを知ろう② 北海道・東北 関東・北陸・東海

**↑ かぶらずし（石川県）**
かぶでブリをはさんで漬ける、なれずしの一種。

**↑ マスずし（富山県）**
江戸時代から全国に知られていた越中富山の名物。

**↑ 笹ずし（新潟県）**
笹の葉の上に酢めしと具材をのせた郷土料理。

**➡ 謙信ずし（長野県）**
戦国武将・上杉謙信にゆかりのある笹ずしで、飯山市富倉地域の郷土料理です。

**↑ へしこの押しずし（福井県）**
若狭地域や丹後半島の郷土料理「へしこ」の押しずし。

### へしこって何？

サバに塩をふってぬか漬けにした、冬の貴重なたんぱく源となった保存食です。

**↑ 甲府のすし（山梨県）**
甘めのたれを上にぬった、大きめのにぎりずし。江戸時代のにぎりずしに近いかたちです。（江戸時代のにぎりずし：27ページ参照）

**➡ みくりや箱ずし（静岡県）**
木箱に酢めしを敷き、彩りよく具材を並べた郷土料理。

**↑ 朴葉ずし（岐阜県）**
酢めしや酢じめにした魚を朴の葉で包んだもの。

**⬅ モロコの押しずし（愛知県）**
県の西側・海部地域の郷土料理。淡水魚のモロコを甘辛く煮つけて作ります。

**➡ 手こねずし（三重県）**
しょうゆなどに漬けた刺身をごはんにのせた漁師めしから。

**➡ サンマずし（三重県）**
奈良時代から熊野地域に伝わる郷土料理。サンマをユズやダイダイ酢に漬けて押しずしにします。

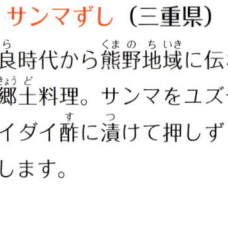

# すしの世界へようこそ

### ↓ すしハタハタ（秋田県）
秋田名物の魚・ハタハタのなれずしで、おめでたい日に食べた伝統食。

### ↑ イカのすし（青森県）
マイカの胴に足や野菜をつめたなれずし。

### → 浜前ずし（北海道）
各地の浜でとれた鮮魚のにぎりずし。

### ← 塩引きずし（山形県）
塩ベニザケの押しずし。紅白がおめでたい郷土料理。

### ← すし漬け（岩手県）
魚（ホッケなど）を麹などで発酵させた保存食。

### ← フカヒレずし（宮城県）
フカヒレの一大産地である宮城県ならではのすし。

**フカヒレって何？**
フカとはサメのこと。サメのオビレを乾燥させた高価な保存食です。

### ↑ ギンヒカリの押しずし（群馬県）
川場村の養殖したギンヒカリ（マス）を使った押しずし。

### ← いずし（福島県）
南会津に伝わる、古来の作り方を受けついだ発酵ずし。ニシンとごはんで作ります。

### ↑ めぬまのいなりずし（埼玉県）
江戸時代から、妻沼地区の名物として伝わっています。

### ↑ かんぴょうのすし（栃木県）
かんぴょうの生産日本一の県。すしには欠かせません。（かんぴょう：29ページ参照）

### ↑ 納豆のすし（茨城県）
水戸をはじめ、茨城県は納豆の産地。細巻きや軍艦巻き、手巻きずしなどで人気の具材です。

### ↑ 江戸前ずし（東京都）
江戸前（東京湾）でとれた魚で作られたことからの名称。

### ← しらすのすし（神奈川県）
しらす漁の盛んな片瀬江ノ島海岸の春の名物。

### ↑ べっこうずし（東京都／伊豆諸島）
辛みのある「唐辛子じょうゆ」に漬けたすしダネが特徴。

### ↓ 太巻き祭りずし／花ずし（千葉県）
はなやかな絵がらが特徴の太巻きずし。

# すしの主な種類を知ろう

いま作られ、食べられている、主なすしの種類を紹介します。それぞれどんな歴史があり、どうやって生まれたのかを知ると、食べるときにひと味ちがって感じるかもしれません。

## 色々なすしが生まれた流れ

**すしの原型**
東南アジアで生まれ、中国南部へ広まる。おもしをしない魚の発酵食

→ 魚を発酵させて酸味が出てから食べる

↓

**日本へ伝わる**
おもしをする方法で伝わる

↓

**なれずし**
魚をごはんと塩で漬けて発酵させる。ごはんは食べない

**いずし**
ごはんと塩に、麹も加えて発酵させる

↓

**生（半）なれずし**
ごはんも食べるようになる

↓

**浅なれ**
酒と塩で味つけ

● 開いて姿のまま
● そぎ身（こけら）にする

**発酵させなくなる。酢めしが登場し、生魚も食べるようになる**

↓

**早ずし**
酢と塩であじつけ。笹ずし、柿の葉ずしなど

↓

**（漬け）にぎりずし**
しょうゆや酢で味つけ

**姿ずし（棒ずし）**
魚の姿を生かした押しずし

**こけらずし（箱ずし）**
箱に酢めしと具材を入れて押しずしにして、切り分けて食べる

↓

**（生）にぎりずし**
刺身を使うようになる

**いなり**
煮つけた油あげに酢めしをつめたもの

**起こしずし**
こけらずしをさじ（スプーン）ですくって食べる

**押しぬきずし**
木枠で型ぬきする押しずし

↓

**ばらずし（ちらしずし）**
酢めしに具材をのせたもの。おもしはしない

**巻きずし**
太巻きや細巻きなどのり巻きのこと

## なれずし
### 日本でもっとも歴史のあるすし

奈良時代（710～794年）に中国から作り方が伝わりました。魚とごはん、塩を合わせておもしをし、発酵して食べられるようになるまで何か月も漬けます。すしといってもごはんはとりのぞいて、食べるのは魚だけ。冷蔵技術のない時代、魚の保存方法でした。いまも伝統的な郷土料理として作られています。

滋賀県のフナずし

## いずし
### なれずしの変化形

なれずしと時代を前後して入ってきた料理です。なれずしの材料に麹をたすのが特徴。野菜も加えることが多いようです。

古来からの製法で作る福島県のいずし作り

# すしの世界へようこそ

## 押しずし
### 西日本で多く作られ、種類も豊富

酢めしと具材を重ねて、おもしをして作ります。姿ずしやこけらずし（箱ずし）、押しぬきずしも押しずしの一種。祭りや人が多く集まるときにまとめて作り、切り分けて出すもてなし料理です。地域により具材や重ね方が違います。

岡山県のサバの姿ずし

高知県のこけらずしは何層にも重ねる

## ちらしずし
### 押しずしをかんたんにした

「ばらずし」「ばらちらし」ともいわれます。それぞれの地域でとれる魚や野菜、山菜などを酢めしにまぜたり、上に飾ったりして作ります。飾り方を工夫して、絵のようにする飾りずしにも進化しました（15ページ参照）。

大分県のかちえびちらし

## にぎりずし
### いま「すし」といえばこれ

なれずしや押しずしが主流だった江戸後期（1820年ごろ）、江戸で人気があった刺身を、にぎった酢めしにのせて売り出したのがはじまりです。生魚を保存するにはしょうゆや酢などに漬けていたので、「漬け」がすしダネに使われていましたが、冷蔵保存ができるようになり、いまは生魚が多く使われています。

いまに伝わる東京の江戸前ずし

## 巻きずし
### 板のりが発明され、さまざまに発展

江戸中期に板のり（いまの焼きのり）が発明され、巻きずしが誕生します。のりで酢めしと具材を巻くのが一般的ですが、酢めしを外側にしたものや、のりのかわりに高菜漬けや薄焼き玉子、油あげを使うものも。切り口に絵があらわれる飾りずし（14ページ参照）にも発展します。

下からかっぱ巻き、鉄火巻き、太巻き

## いなりずし
### 江戸庶民に愛されたすし

江戸時代（1840年ごろ）江戸で売られるようになり、おいしくて安いすしとして有名になりました。稲荷神社とゆかりのあるきつねが好物の油あげを使うことから、いなりずしという名前になったとか。西日本では三角形が、東日本ではたわら形が多く作られます。

たわら形のいなりずし

※ここで紹介しているすしは、日本各地で作られています。

# すしの技を見てみよう！

すしには、その長い歴史に育まれた、さまざまな職人技があり、現在まで受けつがれています。江戸前ずしのにぎる技やすしダネ作りの技、芸術的な飾りずしの技、職人の技にせまるための努力を続けるすしロボットの技。それぞれのスゴ技を、くわしく見ていきましょう。

## 絶妙の手業が光る！ すし店のスゴ技① にぎる

ポイッと一口で食べられてしまうにぎりずし。その適度な大きさやにぎり加減、のせるすしダネとのバランスなどは長い技術の歴史と、職人の修行のなせる技です。美しく、スマートなその技のすごさを紹介します。

**「にぎる流れ」** 10秒前後の間に酢めしをひとにぎり分とり、すしダネをのせ、前後上下を返しながらにぎります。むだのない美しい動きのコマ送りです。

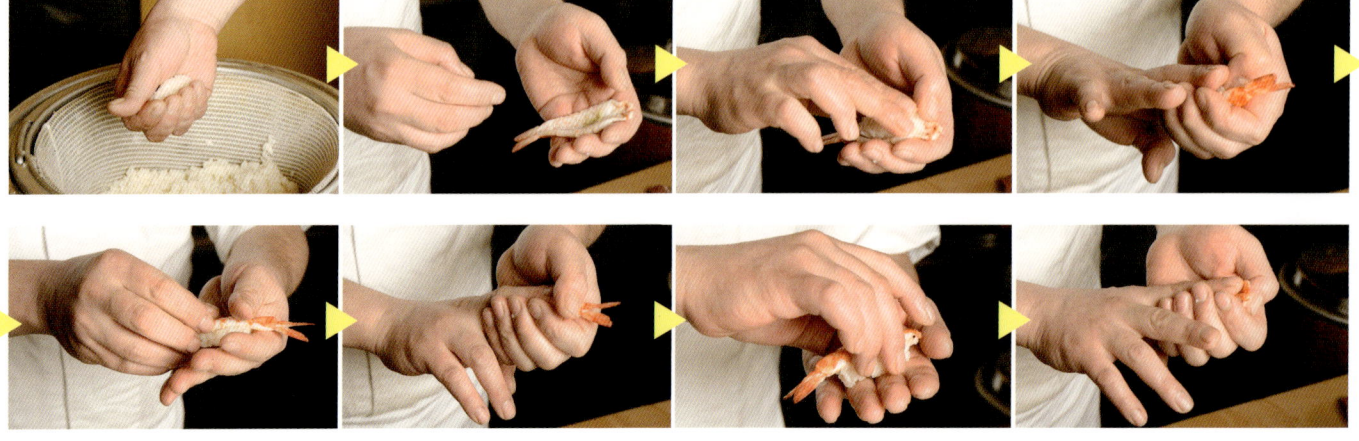

# とる量は何度やってもほぼ同じ

すし店では、お客さんの前ですしをにぎります。店全体の様子に目を配りながら注文に応じて、何人ものお客さんのすしや、出前の準備もしなければなりません。

そんな中でも、均一に酢めしをにぎらなければいけません。職人さんの手には長年の修業によるセンサーがあるようです。

## 実際に調べてみました

10個、酢めしだけをにぎってもらい、並べてみました。ほぼ、みな同じ大きさで形です。計りに乗せて測ってみると、10個中、6個が15ｇ、2個が14ｇ、2個が16ｇでした。誤差はほんの1ｇという正確さです。
※にぎり1個分の重さはお客さんの好みや店により変わります。

# 絶妙なにぎり加減がおいしさの秘けつ！

米はひとつぶずつツヤやかで、つぶれていないのに適度に密着して、形を保っています。空間も適度にあり、持ってしょうゆをつけても崩れないのに、口の中でかむと、自然とつぶがほぐれ、食べやすくなる。これが絶妙な力加減でにぎるとできる、職人技のにぎりです。

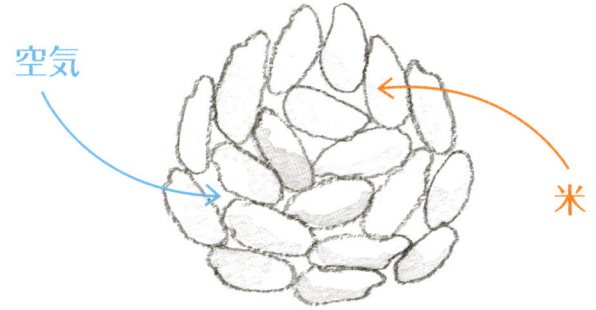

にぎる形はいろいろありますが、どれも口に入れやすいだ円形になっています。それぞれの店やすしダネなどによって変わりますが、主な2つを見てみましょう。

### にぎりの形

細長く、長方形のすしダネがきれいに乗ります。

少し丸みがあり、軍艦巻きをするときにも向きます。

●手で持ちやすい
にぎり加減、酢めしの量、すしダネとのバランスが大切です。手で持つのが基本ですが、はしでも持ちやすいことも求められます。

●口の中でほぐれる
米と米の接点と適度な空間のおかげで、口の中でかむと、無理なく米がほぐれます。これで、すしダネといっしょにバランスよく味わえるのです。

●すしダネによる調整
煮アナゴなどやわらかいすしダネの場合は比較的やさしくにぎり、貝などかためのすしダネの場合にはしっかり目にぎる工夫もあります。またすしダネの厚みや大きさによって酢めしの量を調整します。

## 昔の職人のことば ～酢めしのにぎり加減について～

昔は、「楊枝でさして持ち上げられるくらいがよい」「しょうゆにつけて、米つぶが1つ落ちるくらいがちょうどよい」などと表現する職人もいたそうです。現在はお客さんの好みやにぎりの形、すしダネの大きさによっても変わりますが、昔かたぎの江戸職人らしいことばですね。

# すし店のスゴ技② すしダネを作る

素材を変身させる多彩な手間

※このページで紹介しているすしダネの作り方は一例です。店ごとに手順があります。

にぎりずしの元祖「江戸前ずし」は、冷蔵庫のない江戸時代に生まれたもの。生の魚を安心しておいしく食べるためのさまざまな工夫がされています。いまも受けつがれている、すしダネづくりの細かな技を見てみましょう。

## ★塩と酢の加減がカギ★

### コハダ しめる

傷みやすい「ひかりもの」といわれる魚にほどこす調理法です。塩で余分な水分をとり、酢の殺菌作用を利用しながら魚のうまみを残します。

1. ウロコをとる
2. 頭、背ビレ、腹ビレ、内臓をとる
3. 腹から開く
4. 骨や尾ビレなどをとる
5. 塩をふってしばらくおく
6. 塩を洗い、酢にある程度漬けたらできあがり

## ★湯をかけて浸透しやすく★

### マグロ 漬ける

今も昔も日本人が大好きなすしダネの調理法です。生のまま漬ける方法もありますが、昔は日持ちさせるため「湯引き」のひと手間がありました。

1. 赤身部分を、切り身にしやすい状態「さく」にする
2. 魚を布でおおって熱湯を表面に流しかけ「湯引き」する
3. 冷水にさらし、中まで火が通るのをとめる
4. 水分をふきとり、しょうゆベースのたれに半日からひと晩漬けたらできあがり

# すしの技を見てみよう！

## ★昆布のうまみが魚に浸透★

### タイ　昆布じめ

淡白な味の白身魚に、昆布のうまみを浸透させながら、保存効果を引き出す調理法です。お店ならではの大きな昆布を使います。

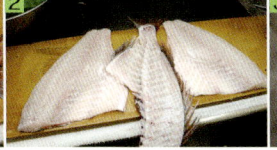

1. ウロコ、頭、内臓をとる
2. 骨と左右の身の「三枚におろす」
3. 塩をふってから、皮目を上にして布でおおい、熱湯を表面に流しかけ「湯引き」する
4. 冷水にさらし、中まで火が通るのをとめる
5. さらに、身を半分に切って「さく」にし、1本ずつ昆布で包む
6. 空気を抜くようにラップで包み、しばらくおけばできあがり

## ★くしにさしてまっすぐに★

### エビ　ゆでる

エビはそのままゆでるとクルンと丸まってしまう性質があるので、くしにさして丸まらないようにします。頭も殻もつけたままでゆでることで、うまみが残ります。

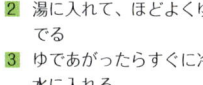
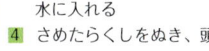
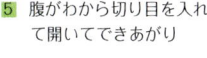

1. 尾側からくしをさす
2. 湯に入れて、ほどよくゆでる
3. ゆであがったらすぐに冷水に入れる
4. さめたらくしをぬき、頭とカラをとる
5. 腹がわから切り目を入れて開いてできあがり

## ★身はふんわり味はしっかり★

### アナゴ　煮る

細長い身をていねいにさばき、甘辛い煮汁で煮て、煮汁の中でしっかりさまして味を含ませます。にぎるときにはサッとあぶって煮詰めたたれをかけます。

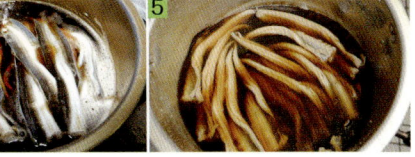

1. 頭の付け根を切って血ぬきをする
2. 頭を固定させ、包丁で背から開く
3. 骨と内臓、ヒレなどをとる
4. 煮汁に入れて煮る
5. 鍋を火から外し、そのまま煮汁の中でさませばできあがり

## ★きれいな色に焼く★

### 玉子　焼く

酢めしに合わせた少し甘めの玉子焼き。家庭でも作られますが、均一にたくさん作るのは職人技。すし店ごとに個性があるのも玉子焼きの特徴です。

1. ボウルに卵を割り入れ、カラザ（白いかたまり）をとる
2. ゆでエビをすり鉢でおぼろ状にする
3. 調味料を加えてペースト状にする
4. 卵を加え、よく混ぜ合わせる
5. 玉子焼き器に流し入れ、1枚ずつ焼いたらできあがり。一度に何枚も焼き、重ねておきます。にぎるときに1枚ずつ切り分けて使います。

13

## 飾りずしのスゴ技　巻きずし

パーツとなる細巻きや具材を用意して、できあがりの切り口を想像しながら、組み合わせて太巻きにして完成させます。右では、タコを例に作られたパーツを説明します。

### タコのパーツ

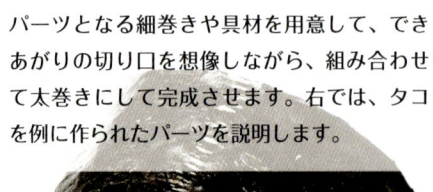

●タコの足8本
明太子をまぜた酢めしで、細いのり巻きを8本分作ります。

●タコの目2本
チーズ入りかまぼこをのりで巻いて2本分作ります。

●タコの口
ちくわをのりで巻いて1本作ります。

●タコの顔・仕上げ
明太子をまぜた酢めしを土台にして目と口を包み、足8本をいっしょに巻いて作ります。

## まだまだある巻きずし

●クリスマスのケーキ「ブッシュドノエル風」
中央の切り株のような巻きずしがブッシュドノエル風。太巻きの周りにごはんを巻いています。トナカイの顔も巻きずしでできています。

●富士山の夜と朝焼け
富士山の景色を、時間をかえて表現したのり巻きです。日本の美しい風景が楽しめます。

●巻きずしでデコレーション
器の中を、いく種類もの巻きずしで飾りました。文字の「日」「本」を含めて7種類の巻きずしが作られています。

## すしの技を見てみよう！

# ちらし花ずし

ちらしずし、にぎりずし、巻きずしなどを活用して、すしおけの中をまるで絵画のように飾っています。それぞれのパーツをじっくり見てみましょう。

● **マグロとタイのにぎりずし**
すしおけのすき間を、紅白のにぎりずしで飾っておめでたい雰囲気にしています。

● **和風の模様ののり巻き**
中心は玉子焼き、緑はキュウリで作った和風の模様ののり巻きで富士山の絵を飾ります。

● **富士山のちらしずし**
富士山の雪はシメサバの皮で表現し、マグロ・イクラ・タラコ・ヒラメで形を作っています。夕日と反対側の影の部分は黒すりゴマで表現。

● **夕焼け空のちらしずし**
夕日はマグロ、周りを飛んでいるカモメはキュウリの皮。空はトビコ・タラコ・サクラデンブなど、たなびく雲は玉子焼きです。

● **桜の木ののり巻き**
枝はかんぴょう、桜の花はサクラデンブとタラコを混ぜた酢めし、地面の緑は野沢菜のみじん切りで表現しています。

● **サーモンの手まりずし**
ウグイスの両脇を飾った手まりずし。上にイクラをのせてアクセントにしています。

● **ウグイスののり巻き**
全体は野沢菜をまぜた酢めしで、くちばしは魚肉ソーセージ、おなかの白はかまぼこ、尾羽根はキュウリでできています。

## まだまだあるちらし花ずし

● **節分の豆まき**
鬼は形をととのえたちらしずしで作り、子どもたちや文字、菊の花などは巻きずしで表現しています。

● **画家ゴッホがかいた「ひまわり」**
複数の素材でひまわりを表現し、油絵の雰囲気をだしています。薄焼き玉子、いくら、エビ、カニ、ガリ、マグロ、アナゴ、ウニ、トビコ、サーモン、野沢菜ほかいろいろ。

● **パリのエッフェル塔**
エッフェル塔は濃い色に焼いた薄焼き卵を切ってこまかく表現。イメージの花や花火、ハート、中央のフランスの国旗は巻きずしです。

15

職人技にせまる勢い！ **すしロボットの　にぎる技　スゴ技**

すし職人の技を研究し、ふんわりにぎれるように工夫に工夫を重ねたロボットです。どうしてロボットなのにそんなことができるのか、見てみましょう。

●**ひと押しで形を作る**
型に入れた酢めしを上からひと押しして、あっという間ににぎりずしの形にします。すべての角度から押すので1回でできるそう。1時間に4000個も作る働きものです。

●**酢めしをほぐす**
ふたを開けて上から見た写真です。いろんな方を向いた羽根が、ゆっくり回転して酢めしをほぐしながら、下へ送っていきます。

職人の場合：
しゃもじで酢めしをほぐす

※カバーをはずしても酢めしがこぼれないよう、透明のカバーをして撮影しています。

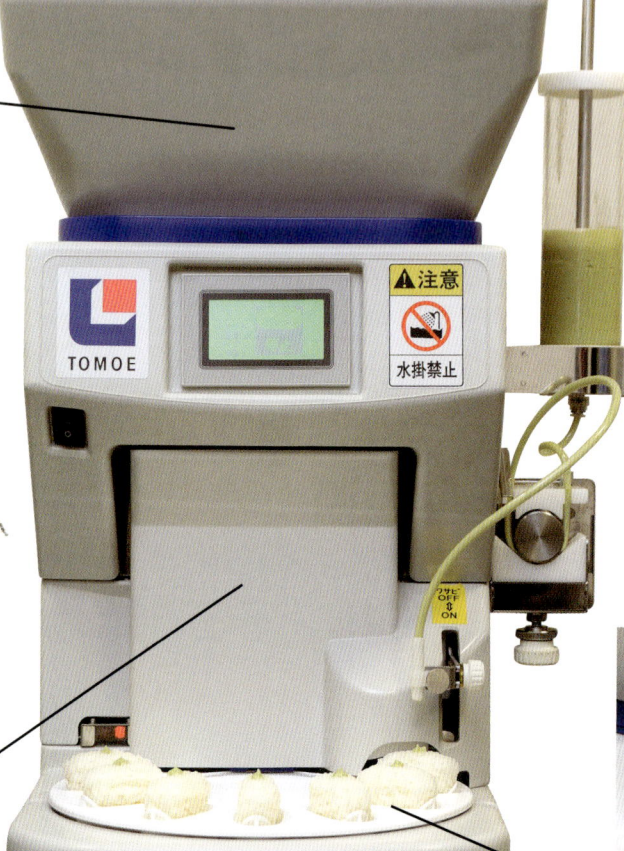

職人の場合：10ページのように、酢めしを手の中で方向をかえながら3〜5回にぎる

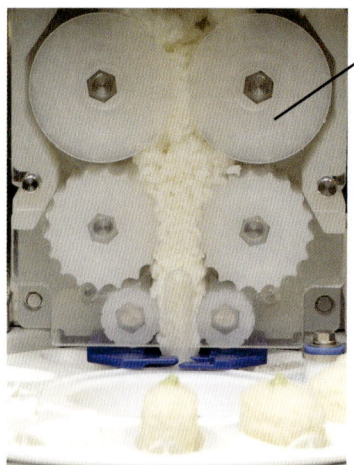

●**米つぶの密度を均一に**
カバーの内側の作業をのぞいてみます。歯車が6個、上から少しずつ小さくなっています。米つぶの密度を均一にして、ひとつ分の分量をとりやすいようにしています。

職人の場合：酢めしをひとにぎり分とって手の中で回す

真上から見るとたわら形
真横から見ると扇子のような形

16

# すしの技を見てみよう！

## まだあるすしロボットの技
回転ずしやスーパーマーケットなどで使われるロボットがほかにも開発されています。それぞれの技を紹介します。

## 巻く技

### ●細巻きから太巻き
シート状に整えられた酢めしをのりにのせるところ、巻くところをロボットがやってくれます。人間は具をのせるだけ。設定次第で細巻き、中巻き、太巻きまで作れます。

### ●軍艦巻き
左で紹介したにぎる技でつくったにぎりに、細長いのりを横から巻きつける技が合体したロボット。

1 のりを1枚置く

2 シート状の酢めしをのせる

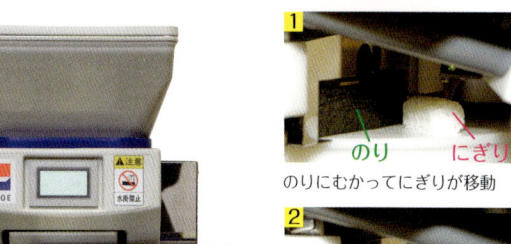

3 具材をのせるのは手作業　　4 のりの前後を上げる

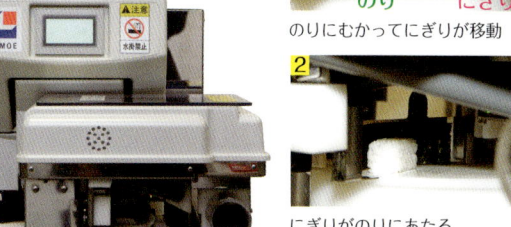

1 のりにむかってにぎりが移動

2 にぎりがのりにあたる

5 具材を巻く

6 開いたらできあがり

3 のりにくるまれて出てくる

## 並べる技

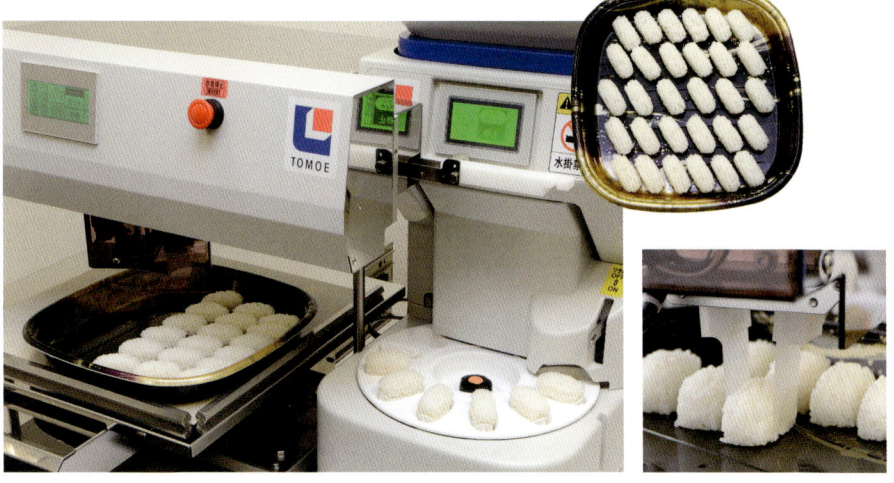

できたにぎりを、トレイにきれいに並べるロボット。1人前〜7人前まで設定でき、100通りもの並べ方ができます。にぎりをソフトに持ち上げる部分も、研究を重ねた技術。

すしダネをのせればできあがり！

## 酢めし作りの技

容器にごはんとすし酢を入れるだけで、約650個のにぎりができる量の酢めしが4分前後で完成。ふたについている金属製の棒がポイント。容器を回転させることでごはんが混ぜられる仕組みです。

17

# すしを作ろう！

いろいろなすしがあることを知ったら、今度は実際に自分で作ってみましょう。基本の酢めしと、細巻きが作れるようになったら、パンダの太巻きにチャレンジ！　作るときは、おとなの人に協力してもらいましょう。

## 酢めしを作る

酢めしはアツアツのごはんにすし酢をまぜるのがポイントです。その上に刺身などの具材をのせればちらしずしができます。

### ＜用意するもの＞

- 米…2合（180ml）
- すし酢（市販品）…50ml強
- ボウル
- しゃもじ
- あおぐもの（うちわ）

＊これで約600g強の酢めしができます。
＊すし酢がない場合は、酢50ml、塩8g、砂糖20gを順に加えてまぜてよく溶かします（左写真参照）。ごはんを炊く前に作り、味をなじませておきましょう。

### 作り方

**1**

米をとぎ、10分ざるに上げ、炊飯器の内がまに米を入れ、水360ml（2合分）をそそいで10分ひたしてから炊きます。

**2**

炊きたてのごはんをボウルに移し、すし酢を全体に回しかけます。

**ポイント**
アツアツのうちにすし酢をかけることで、米つぶの中まですし酢がしみこみます。

**3**

まず、表面を切るようにまぜます。ボウルを回してタテ・ヨコにすじが入るようにします。

**4**

底からごはんを返し、上下を入れかえてから、3と同じ作業をします。これを2〜3分くり返します。

**5**

うちわなどであおいでさまします。表面がさめたら、底から返して上下を入れかえ（1回だけ）、またうちわであおぎます。

**ポイント**
米つぶのすきまに風があたることで酢めしがふっくらしあがります。

**6**

水でぬらしてしぼったふきんを5の上にかけ、20分ほどしたらできあがり。手巻きずしや、ちらしずしに使いましょう。

# 細巻きを作る

熱したとき赤くなる鉄の色に見立てて、マグロの細巻きを鉄火巻きと呼びます。きゅうりやたくわん、納豆などで細巻きを作るのもいいですね。

## ＜用意するもの＞

- 酢めし…70〜80g
- 焼きのり…1/2枚（10.5×19cm）
- マグロ赤身…（細巻き用）1本
- 手酢（水に1割の酢を加えたもの） …適量
- 巻きす
- 包丁

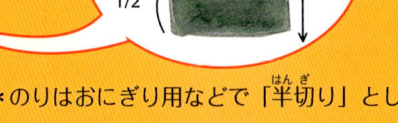

＊のりはおにぎり用などで「半切り」として売られているものもあります。
＊手酢で手をしめらせて酢めしをあつかうと、米つぶが手につきにくくなります。

## 作り方

**1**

巻きすの平らな面を上にして広げ、焼きのりを手前の端に合わせておきます。手酢を指先につけ、指と手のひら全体をしめらせます。

**2**

酢めしを細長いたわらのような形にまとめます。

**3**

焼きのりの中央より少し奥に酢めしをのせ、左右に少しずつ広げます。

**4**

少しずつ手前側ギリギリまで広げていきます。米つぶの量が均一になるようにして、奥側は人差し指の太さ分くらいあけておきます。

**5**

マグロを中央にのせます。わさびを入れる場合は、マグロをのせる前に酢めしにうすくぬりましょう。

**6**

中指で具を押さえながら、親指で手前の巻きすを持ち上げ、マグロをくるみ、向こう側についたらいったん押さえ、のりと酢めしをくっつけます。続いて巻きすの端を持って前方にずらし、のり巻きを転がします。

**7**

のりの端まで巻いたら前後からキュッとしめ、手を両脇にすべらせて、太さを均一にします。巻きすを開いたら、両脇を押さえます。

**8**

好みの長さに切り分ければできあがり。写真のように6等分にするには、半分に切ってから3等分にするとできます。

# パンダの太巻きを作る

細巻きの応用で、かわいいパンダの太巻きが作れます。それぞれのパーツを作ったら、できあがりの形をよく見て、想像しながら組み合わせましょう。

## <用意するもの>

- 酢めし…約290g
- 焼きのり（全形）…3枚弱
- 黒すりゴマ…大さじ2
- ゆかり…小さじ1
- かにかまぼこ…小2本
- マヨネーズ…小さじ1/2
- かんぴょうの煮物…幅4.5cm×長さ10cm
- ヤマゴボウの漬け物…1〜2cm

＊酢めしは、味をつけるので白いごはんで作ってもかまいません。
＊のりのサイズは目安なので、正確に測る必要はありません。
＊のりのあまりはきざんでふりかけにしたり、かにかまぼこの赤い部分はサラダに入れたりして活用しましょう。

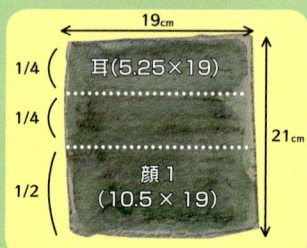
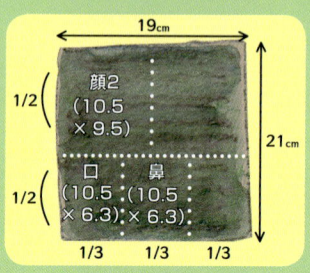
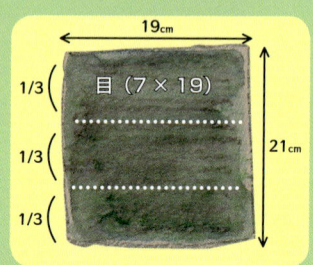

## 作り方

### ●2色の酢めしを作る

**1**

●黒い酢めし
酢めし90gに黒すりゴマとゆかりを加えてまぜます。

**2**

●白い酢めし
かにかまぼこの赤い部分をはがし、白い部分をほぐしてみじん切りにします。酢めし200gにマヨネーズとともに加え、まぜます。

**3**

●酢めしを分ける
黒い酢めしは60gと30gに。白い酢めしは25g、40g、80g、15g×4に分けます。※具材が入った分、少し重くなっています。

### ●各パーツを作る

**4**

●目と耳の細巻きを作る
目ののり（7cm×19cm）を巻きすに広げ、黒い酢めし60gを細くのせます。19ページ手順6〜7のように巻きます。最後にすこしつぶして、だ円形にしましょう。
耳ののり（5.25cm×19cm）に黒い酢めし30gをのせて同様に作ります。

**5**

●口の細巻きを作る
口ののり（10.5cm×6.3cm）を巻きすに広げ、白い酢めし25gを細くのせます。19ページ手順6〜7のように巻きます。

**6**

●鼻の細巻きを作る
鼻ののり（10.5cm×6.3cm）にかんぴょうを広げて並べ、端から細く巻いていきます。

**⑦**

●各パーツを切りそろえる
目は長さを半分に切ります。耳は長さを半分に切ってから、4等分に切り、8つに分けます。口はタテに切り目を入れて開きます。

↑耳 ↑鼻 ↑目 ↑口

口の細巻きをタテ半分に切っているところ

**⑧**

●顔ののりをつなげる
顔1ののりの端にごはんつぶをつぶしてのばし、顔2ののりを1cmほど重ねてつなげます。

●各パーツを組み立てる

いよいよすべてのパーツが合体します。顔を上下逆さに作りはじめるので、できあがりを正しく想像しながら作りましょう。

**⑨**

⑧ののりに酢めし80gを広げます。前後は端までしきつめ、左右は5cmずつ残します。

酢めし15gを山形にして中央にのせます。

目のパーツを山形の左右に、上が広がるように少しななめにのせます。

目の間をうめるように、酢めし15gをのせます。

鼻のパーツを上にのせます。

酢めし15gを2つ、鼻の左右にのせ、高さが平らになるようにします。

口のパーツを中央にのせます。鼻の中心と口の中心が合うようにしましょう。

酢めし40gを上からふんわりかぶせ、まるく整えます。

**⑩**

●顔を巻き、形を整える
巻きすを下から持ち、左右から巻きます。のりがあまったら、ごはんつぶをつぶしてのばし、はりつけます。上から巻きすをかぶせ、上が少し山になるように形を整えます。

**⑪**

●仕上げ
⑩を4等分に切り、上に耳をつけ、薄く切ったヤマゴボウの漬け物を目にのせればできあがりです。

できあがり！

21

# 進化するすしの魅力

日本食の代表として、伝統を受けついできたすし。すしダネも魚や貝類だけではなく、いろいろな食材が使われ、どんどん進化しています。国内だけでなく、海外でもすしは健康食としても注目され、それぞれの国に合ったすしの世界が広まってきています。

## 新しいすしの登場

伝統的なにぎりずしや飾りずしをもっと楽しくバラエティ豊かに進化させたすしたちです。

### 野菜ずし

季節の色とりどりの野菜ずしです。高知県の「田舎ずし」(5ページ参照)など昔から山菜を使ったすしはありますが、こちらはおしゃれな野菜ずし。赤や緑、黄色など、カラフルで見た目もかわいらしく、さらにヘルシー。ベジタリアン(菜食主義者)でも安心して食べられます。

にんじんとかいわれ大根、なす、アスパラとパプリカ、ミニトマトなど、見た目もきれいで鮮やか、ヘルシーな野菜のにぎりずし。

### ケーキずし

飾りずし(14〜15ページ参照)から進化して、ケーキのようにデコレーションしたすしも登場。誕生祝いやクリスマスの食事も、ケーキずしならみんな大よろこびです。

プチケーキのようなひと口サイズのすしです。素材の色や形を生かしてかわいらしく工夫されています。ひとつずつ手に取るのが楽しくなります。

酢めしの土台の上に、マグロやサーモンの切り身を花のように盛りつけて、ケーキらしい雰囲気に。エビのしっぽはろうそくの炎のようにも見えますね。

# 創作ずし

世界中の色々な食材が手に入る現在、すしの世界も、今までの形にとらわれない、「創作ずし」が広がっています。魚介だけでなく、肉と野菜、サーモン、ソーセージ、もちろん形もいろいろと楽しい世界です。

### ●アジサイずし
花は大根を飾り切りして、赤と青に薄く色づけして作ります。大葉の上にのせたさわやかなすしです。

### ●フランス料理風すし
フランス料理のようにきれいに飾りつけされたすしです。のりで巻き、上にはカニ、キャビア、イクラをのせてます。

### ●ワンスプーンずし
マグロ、サーモンにマヨネーズ、カンパチ、マダイとトッピングも楽しい新しい感覚のすしです。

### ●ニシキゴイと巻きずし
山ごぼう、きゅうり、かんぴょうの巻きずしの左右に、色ごはんでようを出した、コイが泳いでいます。

### ●赤オニのすし
ツノは玉子焼きとのり、鼻はソーセージ、口はサーモンとおいしそうなオニさん。

### ●おかめずし
目はゴマごはん巻き、髪はのり、ほおには赤おぼろ。くちびるはトマトの皮です。

## 楽しい手づくり弁当

### ●子ぐまのピクニック
子ぐまといっしょにお出かけ気分の、楽しい弁当です。ちらしずし、巻きずし、いなりずしの3種類を組み合わせて作りました。

**＜材料＞**

ちらしずし：まぜちらしごはん、錦糸玉子、赤おぼろ
ミニトマト、油あげ、ソーセージ＋野沢菜（チューリップ）
子ぐま　　：油あげ、チーズ（耳）、かまぼこ（口）、のり（目、鼻）
巻きずし　：赤おぼろごはん、野菜の漬け物

**赤おぼろ**
エビやサケに食紅を加えて作る

**錦糸玉子**
薄焼き玉子を細く切ったもの

# 世界に広がる SUSHI

すしは日本の伝統食として、今や世界に広がり、各国で進化し親しまれています。「SUSHI」といえばほとんどの人に通じますし、人気のある食べ物です。

**カリフォルニアロールのこと**

「カリフォルニアロール」はアメリカ西海岸のカリフォルニアで、日本の料理人が最初に作ったといわれています。1970年代、アメリカではまだ、刺し身など生の魚を食べる習慣はあまりなく、のりの食感もだめでした。

そこで、のりを内側にして、マグロのトロのような食感のアボカドなどをごはんで巻く「インサイド・アウト」と呼ばれる巻き方のすしが考えだされ大人気になりました。海外のロールずしの出発点といわれています。

● **カリフォルニアロール（アメリカ）**
中にはアボカド、きゅうり、カニかまぼこ、のり、周りにトビコをまぶしてできあがり。

● **ゴールデンカリフォルニアロール（アメリカ）**
上にカニ、キャビアなどをのせた、豪華なカリフォルニアロールです。

## 世界で作られているすし

最初アメリカで作られたカリフォルニアロールが、その後いろいろな国に伝わり、その国の食材などが使われて進化していきました。

● **クランキーブラウン（イギリス）**
外側はワサビ風味のトビコをまぶして緑色に、中には揚げたエビを巻いています。

● **キャタピラーロール（アメリカ）**
外側はアボカド、中にウナギ、きゅうり、カニかまぼこ。キャタピラーとはイモムシのことで、姿が似ているところから名づけられました。

● **レインボーロール（アメリカ）**
サーモン、マグロ、アボカドをななめにのせてレインボー（虹）のように。中はカニかまぼこ、玉子焼きなどを巻いています。

● **ソイロール（フランス）**
のりのかわりにソイ（大豆）ペーパーで巻き、イクラなどトッピングした美しいロールずしです。中にはきゅうり、サーモンなどが入ります。

● **キムパプ（韓国）**
韓国の国民食。中にほうれんそう、玉子焼き、にんじん、タムシン（たくあん）、魚のすりみ、肉そぼろなどが入ります。塩やゴマ油で味つけします。

● **ロシアンクラブ（ロシア）**
中にクラブ（カニ）とクリームチーズを入れて巻きます。外側にトビコやゴマをまぶしています。

● **スパイダーロール（アメリカ）**
やわらかい殻のソフトシェルクラブ（カニ）の揚げものを巻いた姿が、スパイダー（クモ）のように見えるロールずし。

### 進化するすしの魅力

# 進化するロールずし

カリフォルニアロールからいろいろ進化した「ロールずし」は世界中に親しまれてきました。そして、その人気とともに好みに合わせていろいろな食材を使って、ユニークなロールずしが次々とあみ出されています。

●ベジタブルロール
みょうが、かいわれ大根などを巻いた、ヘルシーなロールずし。

●グリーンサラダロール
中にマグロ、ピーマン、アスパラなどを入れて、きゅうりで巻いた緑もあざやかなすしです。

●テリヤキチキンロール
中にアボカド、テリヤキチキン、きゅうりが入り、周りに白ゴマをまぶしています。

●キューブロール
サーモン、マグロ、アボカドソースなどを、大根をかつらむきに薄くして巻いています。

●キューカンバーロール
マグロ、エビ、イクラなどを使い、キューカンバー（きゅうり）で巻いたベジタブルロール。

●ホットロール（ブラジル）
中にアボカド、マグロなどを入れてころもをつけて揚げた、あたたかいすし。

●スイーツロール
きゅうり、サーモン、チャービル、大根などが使われています。まるで、あまいお菓子（スイーツ）のようですね。

●サーモンロール（カナダ）
中にきゅうり、クリームチーズ、外側をサーモンで巻きます。サーモンはカナダやアラスカの特産品です。

### 海外のテイクアウトずし

海外でも持ち帰り（テイクアウト）用のすしは、人気です。巻きずしが中心で具が多く、一つひとつが大きく、日本のすしにくらべて酢があまりきいてないのが特徴です。具は、チキン、サーモン、チーズ、と何でも巻いてあります。ひと切れずつ選んで買うスタイルが多いようです。写真はニュージーランドのテイクアウトずしです。

# もっとすしを知ろう

わたしたちが食べているすしは、どこからきてどのように進化し、未来に向かうのでしょうか。もっとしらべてみましょう。

## すしの歴史

どのようにすしは作られ、日本ではどのくらい昔から作られ食べていたのか、たずねてみましょう。

### ●中国から日本へ

もともと「すし」という文字は、漢字で「鮨」や「鮓」と書きます。これは中国から伝わりました。東南アジアで生まれた魚を発酵させる技術は、北上して中国をへて、やがて日本へと伝わりました。日本へ伝わった時期ははっきりしませんが、日本最古の文字資料、奈良の正倉院文書の『但馬国正税帳』、『尾張国正税帳』に「鮨」の文字が、平城宮の木簡（文字などを書いた木の札）には「鮓」の文字があります。7世紀末ごろといわれています。中国で紀元前5〜3世紀の辞書『爾雅』の中に「鮨」は「塩辛」の意味と書かれてあり、「すし」とはちがうようです。かたや「鮓」は、3世紀の『釈名』という書に"魚を米と塩を発酵させて作る"と書かれています。どうやらこれが日本に伝わるすしのルーツのようです。現在よく見る「寿司」という文字は江戸時代から使われてきた当て字です。

### ●すしはどこからきたの

じつはすしのルーツは日本ではないといわれています。現在、わたしたちのくらしは電気やコンピューターなどで便利になっています。しかし冷蔵庫もなく、冷蔵や冷凍などができない時代、魚や動物の肉は、何らかの保存をする技術が必要でした。そのひとつが、発酵を利用して、塩漬けにして保存する技術です。そもそも"すし"はそれらを保存する技術から生まれたといわれています。

東南アジアのタイやミャンマー、ラオスなどの稲作をする人たちは、作業の合間に魚をとり、食べます。「雨季」のときは豊富にとった魚を、「乾季」の魚のとれないときのために、保存が必要でした。その貯蔵法は乾かして干魚や塩漬けにするほか、塩漬けの魚と米や粟のデンプンを利用し、まぜて桶に入れるものです。桶の中で発酵すると酸味が出て、魚もすっぱくなります。これらが「すし」のルーツといわれています。

東南アジア・タイのなれずし

### ●日本最古のすし──フナずし

魚、ごはん、塩を使い発酵させて作り、魚だけを食べる。これは発酵ずし（なれずし）で古代日本のすしの形といわれています。

いまも、東南アジアに伝わるもので長期間の保存ができます。日本にもこれと同じ郷土料理があり、滋賀県の琵琶湖周辺で作られている"フナずし"もそのひとつです。

春、琵琶湖でとれるニゴロブナという大きなフナを使います。塩漬けにし発酵させて酸味を出し、できあがるまでに最低でも半年、漬けてから丸一年や二年ものがおいしいという人もいます。ごはんは食べません。いまのフナずしはむかしとちがうところもありますが、古代のすしの様子を伝える、日本の他の地方には見られないものです。

フナずし（滋賀県）

### ●"なまなれ"から早ずしへ

室町時代以降、「なれずし」ほど魚の発酵も強烈ではなく、ほどほどの生々しいところから「なまなれ」と呼ばれるすしが誕生しました。

ごはんも食べるようになり、発酵を早める方法として麹を入れたり酒粕などをまぜたりします。福井県若狭地方のサバずし、熊本県のコノシロずし、さらに野菜を入れたりする東北地方や北海道のいずし、北陸地方のかぶらずしなどがあります。このように発酵をより促進させた改良型のなまなれが発達したのです。さらに、はじめからごはんに酢をまぜて酸味をつける工夫もされ、現在のすしに近い「早ずし」へと進化していきます。

# 江戸前ずしの誕生

「ぼくはマグロとエビ。わたしはイクラとイカ。」など、みなさんがすし屋さんで食べているにぎりずし、江戸前ずしとも呼ばれるすしはいつごろからでしょうか。

## ●酢を使う早ずし

江戸時代、1800年ごろは、酢を使う「早ずし」と呼ばれるすしが盛んになり種類も増えました。日本の各地でとれる魚や豊かな産物を生かしていろいろなすしが発達してきました。

姿ずし、箱ずし、棒ずしなどの押しずしなどがそうです。最初は大阪や京都など関西を中心にして広がり、やがて東京・江戸に伝わったようです。押しずしは郷土料理として日本の各地のすし（4〜7ページ参照）に、現在でもたくさん見ることができます。

江戸時代の後半、江戸の町では酢をまぜたごはんをにぎり、その上に酢でしめたり、しょうゆに漬けたりした魚の切り身などをのせ、箱にならべて板をのせ、2〜3時間押した早ずしが登場しました。

江戸時代のすしの絵　歌川広重画

## ●にぎりずしの誕生

江戸時代、1850年、このころは平和な時代が続き人々の食生活もかなり豊かになってきました。江戸の町では、屋台で早ずしのにぎりずしを商う店が登場するようになりました。

すしダネをごはんの上にのせてにぎりその場で食べるというスタイルでした。その中の一軒に華屋与兵衛があり、この店が江戸前のにぎりずしを初めて考えたという説もあります。ふらりと立ち寄って、立ったまま2つ3つ、食べてさっと立ち去る、という手軽さが当時の江戸の人々の気風にぴったりだったことから、たちまち町中ににぎりずしの屋台の店が増えました。

当時のすしダネはコハダ、ヒラメ、玉子焼き、マグロの赤身、アナゴ、エビ、イカなどが中心でした。生ではなく、しめたり、煮たり、ゆでたり、焼いたり（12〜13ページ参照）と、さまざまな工夫がされていました。このころは東京湾、江戸の前の海でとれた魚や貝類をすしダネにしていたので「江戸前ずし」とも呼ばれるようになりました。

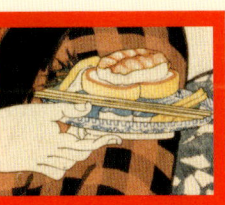

一番上にエビのにぎりずし、その下に玉子の巻ずしが2つ、さらにその下にサバの押しずしがある。

浮世絵に描かれたすし
「縞揃女弁慶　安宅の松」
歌川国芳画

当時のにぎりずしはおにぎりのような大きさで、食事というよりおやつのように食べられていました。

江戸末期になると、ごはんとすしダネの間にワサビを入れたりもしていました。

こうして今日わたしたちが食べているすしに、より近い形へと進化してきたのです。

人々でにぎわう町とすし屋台
「東都名所　高輪廿六夜待遊興之図」
歌川広重画（部分）

1つ、1つが大きいにぎりずし　「与兵衛の寿司図絵」川端玉章画（複製）

# おすし屋さんのこと

すしダネやおすし屋さんのことなど、いろいろ知っておくと、すしを食べるとき楽しくなります。

● いろいろなすしダネ

すしダネの材料には、「旬」と呼ばれる、おいしい時期があります。覚えておくと季節の味がわかりおいしく食べることができます。
※旬の時期は地域によりちがいます。

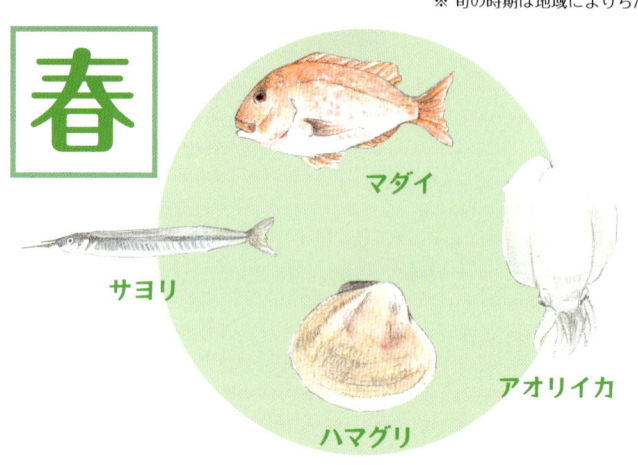

春：マダイ、サヨリ、ハマグリ、アオリイカ

ほかにもカツオ、ウニ、イクラ、タコ、アカガイなど

夏：ホタテ、コハダ、スルメイカ、サンマ

ほかにもサバ、カレイ、イワシ、スズキなど

秋：カンパチ、アジ、アナゴ、クルマエビ

ほかにもアワビ、シマアジなど

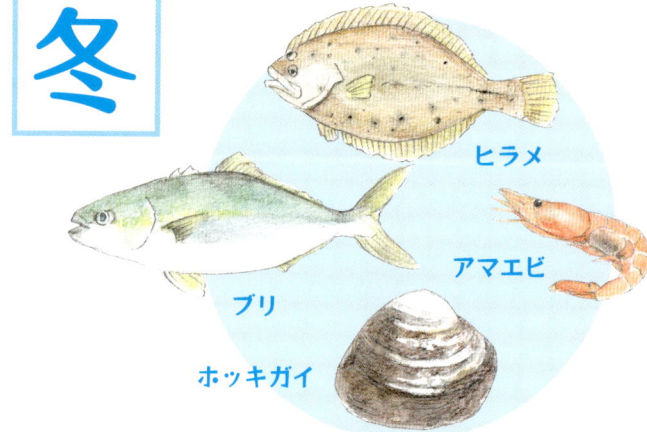

冬：ヒラメ、アマエビ、ブリ、ホッキガイ

ほかにもキンメダイ、シラウオなど

一年中

卵

マグロ　サーモン

## おすし屋さんのコトバ

おすし屋さんでよくつかわれるコトバです。基本的にはお店の人が使います。

- **あがり**：お茶のこと
- **巻きもの**：のり巻きのこと
- **カッパ巻き**：きゅうりを巻いたのり巻き
- **おてもと**：はしのこと。お客さんの手もとにあるから
- **ガリ**：甘酢につけたしょうが。歯ごたえがガリガリするから
- **サビ**：わさびのこと。ナミダともいう
- **サビぬき**：わさびを入れてないこと
- **ネタ**：すしの具として使う材料のこと。すしダネ
- **シャリ**：酢めしのこと
- **ツメ**：アナゴなどのタネにぬる、甘辛いタレ
- **ギョク**：玉子焼きのこと。玉という漢字の音読み
- **ムラサキ**：しょうゆのこと
- **ガレージ**：シャコのこと。語源は車庫から
- **おあいそ**：お会計

## ●老舗のすし屋さん

　すし屋さんの店内は、ふつうカウンター席とテーブル席があります。カウンター席の前にはガラスケースがあり、その中に仕込みがすんだいろいろなすしダネがならんでいます。にぎりずしは、付け台の木製のカウンターにすしを直接おいたり、「ゲタ」とよばれる足のついた木製の台にのせ、お客さんの注文に応じて出されます。

職人との会話も楽しめる

1879（明治12）年創業、吉野鮨本店のカウンター

## ●回転ずしのこと

　回転ずしの店では、いろいろなすしをのせた小皿が、設置されたチェーンコンベアの上を連続してまわります。お客さんは、自分の好きなすしを皿ごと自由に取り上げて食べます。家族みんなで楽しめ、最近は、タッチパネルで注文し、「寿司レーン」で手前まで運ばれてくる店まであります。

スピーディーに自分の席までとどく「寿司レーン」

## ●かんぴょうって何？

　巻きずしに欠かせないかんぴょう。ウリ科の夕顔の実を皮をむくように細長く削り乾燥させて作ります。甘辛く煮て、のり巻きなどに使います。かんぴょうにふくまれる食物繊維には体内のビフィズス菌を増やすため、体に良い働きがあります。全国で使われるかんぴょうの98％が栃木県で生産されています。

夕顔の実

夕顔の実を細長くかつらむきにする

風通しの良い所に干す

## ●バラン（葉蘭）のこと

　すしの横にそえてある緑の葉、あれがバランです。最近はプラスチック製も多くありますが、もともとはユリ科（葉蘭）やクマ笹を使いすし職人が作ったりしていました。切り笹ともいい、防腐や殺菌効果があるので、すしの仕切りや下にしいたりします。

## 恵方巻きって何？

　節分に、その年の恵方（吉方）を向いて食べると縁起が良いとされます。太巻きを切り分けずに願いごとをしながら1本を丸かじりするのがしきたりです。七福神にちなみ7種類の具材を入れたりします。正確な起源はわからず、江戸時代末期に大阪で商売繁盛を願い始まったという説もあります。1990年ごろよりスーパーやコンビニで販売されるようになり、節分に恵方巻きを食べることが広がりました。

# すしと祭り・行事

すしは特別な食事として、日本の各地で祭りや神事でふるまわれます。すしに関する行事もあるので、見てみましょう。

## ●すし切り祭り

滋賀県守山市下新川神社の例祭で行われる神事で、祭神の豊城入彦命に琵琶湖でとれたフナの塩漬けを焼いてさしあげたところ、たいそう喜ばれたという故事が始まりとされています。神事は古式通りにフナずしを調理していきます。鉄製のはしと包丁を両手に持ち、まな板にのせられたフナずしを大きな動作で切り分けますが、すべて無言で行います。

フナずしを切りわける

## ●魚取り（鮨取り）

滋賀県栗東市の三輪神社春季大祭では、「魚取り」という神事が行われています。「鮨取り」とも呼ばれ、全国でもここだけという8か月間漬けこんだ鮨鮓を使います。当番になった家がドジョウだけでなくナマズ、米や塩、タデなどを樽に漬けこみます。これらを春季大祭のときに奉納します。

鮨 鮓漬けこみ作業風景

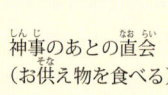
神事のあとの直会
（お供え物を食べる）

## ●笠間初午いなりずし祭り

茨城県笠間市にある笠間稲荷神社では、穀物や農商工業の神である稲荷神がおりてきた日を祝う祭りがあります。稲荷神の使いであるキツネが油あげが大好物。ということで、昔から初午の日には油あげやいなりずしを神社に奉納して福を招いていたそうです。「いなりずし」は古くからお参りの人びとに親しまれています。

## ●神明社すし祭り

大分県竹田市「すし祭り」は1912年、岡藩二代目の城主中川久盛の賄い役が久盛公の命日供養にすしをふるまった事に始まります。この故事にならって毎年5月には「すし祭り」を開催します。神楽舞などもくり出し、神明社の参拝者にはすしがふるまわれます。

神楽舞い

# すし職人になるには

日本の伝統食としての「すし」。これらの技術を身につけ学ぶにはどんな方法があるのでしょうか。

## ●すし店に入る

弟子を募集している店に入り、まず、覚えやすい作業からはじめます。一人前になるまでには、ある程度長い期間がかかるといわれます。一つひとつがおいしいすしをにぎるために欠かせないことです。身につける手順は店によってちがいます。最初は、**そうじや洗い物、魚の仕入れ買い出しの同行**。**出前・玉子焼き・まかない作り**（店のスタッフの食事）。先輩・後輩がいっしょに食べて会話するのも修業です。とにかく基本的なことを覚えます。次に**魚のおろし方**を少しずつ学びます。それから**シャリを作る・さまざまな種類の魚**を担当し、時間があるときににぎりを教えてもらいます。更には**カウンターでにぎり**、お客さんへの接客法なども学んだりします。でも、これで終わりではありません。常に「さらにおいしいにぎり」を求めて仕込みやにぎりへの工夫が続きます。

食事どきは先輩に、いろいろ聞けるたいせつな時間

## ●すし学校に入る

たくさんの職人を養成するための学校です（日本すし学院：東京都）。すしをにぎるために必要な技術や知識を学びます。経験豊富な先生がプログラムに沿ってテキストを使いながら教えてくれます。まったく経験のない人でも、初級・中級・上級とステップアップしていきます。本格的なすし職人になるための基礎を、短期間で身につけることができます。

魚をおろして、すしダネを作る、仕込みの実習

巻きずしと押しずしを作り、すし桶に盛りつける

# 日本とすし文化

もともとは、魚を塩やごはんなどといっしょに漬けこんで発酵させてできたすし。長い時間をへて、現在にいたります。にぎりずしをはじめちらしや押しずし、家庭で楽しむ手巻きずし。そう、遠足や運動会では、お母さんの手作りののり巻きやいなりずしなどもありましたね。そして、日本の伝統食として各地に残るいろいろなすしなど、数えあげたらきりがありません。もともと、すしはふだんの食事の食べものというより、季節の行事や何か特別なお祝いの日に食べていました。すしを食べるとき、今でもそんな気持ちになる人は多いでしょう。

日本語に「海の幸」、「山の幸」ということばがあります。海や山の豊富な資源に恵まれているわたしたちの住む日本列島。かつてわたしたちは、季節になれば、山菜をつみ、魚や貝をとり食卓を豊かにしてきました。すしはこれらの自然の恵みのいろいろな食材をたいせつに使います。魚をおいしく食べる方法も江戸前ずしなどは、とても工夫されています。江戸時代、流通も新鮮さを維持する保存の方法も限られていたころです。自然のいろいろな食材を、どうしたらおいしく食べられるかを考え、さまざまに工夫してきた日本人の知恵の結晶がすしを発展させてきたといってもよいでしょう。そして、今や、世界中の人びとに「SUSHI」と呼ばれ親しまれ、さらに広がっているのです。

著者…和の技術を知る会
撮影…イシワタフミアキ
装丁・デザイン…DOMDOM
イラスト…荒木絵里奈（DOMDOM）
編集協力…山田　桂、山本富洋

■撮影協力・部分監修
P10〜13…吉野鮨本店（東京都中央区日本橋3-8-11）
P14〜15、P18〜21…川澄　健（川澄飾り巻き寿司協会）

■参考資料
『すしの本』（岩波現代文庫）篠田 統著／岩波書店 2002
『すし物語』（講談社学術文庫）宮尾しげを著／講談社 2014
『東大講座　すしネタの自然史』大場秀章 他共著／NHK出版 2003
『すし・寿司・SUSHI』森枝卓士著／PHP研究所 2002
『すしの歴史を訪ねる』（岩波新書）日比野光敏著／岩波書店 1999
『すしの絵本』日比野光敏編／農山漁村文化協会 2007
『わっしょい祭りとすし』奥村能生著／農山漁村文化協会 2006
『日本人が知らない世界のすし』福江 誠著／日本経済新聞社／2010

■写真・図版提供
＜日本各地のすしを知ろう①、②＞
P4…海ぶどうのすし：著者、酒ずし：鹿児島県観光交流局観光課／（株）トライ社、メヒカリずし：（一社）延岡観光協会、アジの丸ずし：大分県農林水産部、南関あげ巻きずし：南関町役場まちづくり推進課、大村ずし：大村市商工観光部、須古ずし：白石町役場産業課、アジの博多押し：海鳥社発行『アクロス福岡文化誌』より転載、岩国ずし：岩国市観光振興課、蒸しずし：島根県観光写真ギャラリーより

P5…田舎ずし：（公財）高知県観光コンベンション協会、丸ずし：宇和島市総務部総務課、カンカンずし：香川県農政水産部農業経営課、ボウゼ姿ずし・遊山箱：徳島県農林水産部、あずまずし：福山市食生活改善推進連絡協議会、ばらずし：岡山県産業労働部、柿の葉ずし：智頭町企画課、こけらずし・サバなれずし：和歌山県果樹園芸課、めはりずし：奈良県農林部、イカのなれずし：三尾商店、箱ずし：吉野壽司（株）／大阪府、鯖姿寿司：いづう、フナずし：（公社）びわこビジターズビューロー

P6…手こねずし・サンマずし：志摩市商工観光部、モロコの押しずし：（一社）愛知県観光協会、みくりや箱ずし：日本大学食物栄養学科（調理学実習担当渡辺洋子、学科長室伏誠、担当助手久保田裕子）、朴葉ずし：岐阜県商工労働部、甲府のすし：魚そう、謙信ずし：（一社）信州いいやま観光局、へしこの押しずし：（公社）福井県観光連盟、かぶらずし：金沢市、マスずし：（公社）富山県観光連盟、笹ずし：糸魚川市産業部

P7…しらすのすし：さつまや本店／藤沢市、江戸前ずし：吉野鮨本店制作、べっこうずし：大島町観光産業課、太巻き祭りずし／花ずし：竹内てる子作（君津農業事業部）／千葉県農林水産部、めぬまのいなりずし：熊谷市／埼玉県、ギンヒカリの押しずし：川場村農産加工（株）、納豆のすし：さくら亭／水戸市、かんぴょうのすし：栃木県干瓢協同組合、いずし：新国 勇、塩引きずし：米沢市産業部、フカヒレずし：気仙沼市産業部、すしハタハタ：（一社）秋田県観光連盟、すし漬け：西和賀町観光商工課、イカのすし：下北ブランド開発推進協議会、浜前ずし：小樽市産業港湾部

＜その他＞
表紙・P1 にぎりずし：小樽市産業港湾部、P8・26 フナずし：（公社）びわこビジターズビューロー、P8 いずし：新国 勇、P9 サバの姿ずし：岡山県産業労働部、こけらずし：（公財）高知県観光コンベンション協会、かちえびちらしずし：大分県農林水産部、江戸前ずし・巻きずし：吉野鮨本店制作、いなりずし：川澄 健制作、P22〜25「進化するすしの魅力」：川澄 健、（内P23手作り弁当：川澄 健制作、P24 キムパプ：韓国観光公社）P26 タイのなれずし：（公財）味の素食の文化センター石毛直道アーカイヴス、P27 江戸時代の寿司の絵：パブリックドメイン、東都名所　高輪廿六夜待遊興之図：神奈川県立歴史博物館、与兵衛の寿司図絵（複製）：吉野鮨本店、縞揃女弁慶安宅の松：東京都立中央図書館、P29 寿司レーン：カッパクリエート株式会社、かんぴょう4点：栃木県干瓢協同組合、バラン：吉野鮨本店制作、P30 すし切り祭り：（公社）びわこビジターズビューロー、魚取り：滋賀県栗東市／栗東歴史民俗博物館撮影、神明社すし祭り：大分県竹田市商工観光課、P31 すし店：吉野鮨本店、すし学校：日本すし学院

(敬称略)

---

### 子どもに伝えたい和の技術1　寿司

2014年10月　初版第1刷発行　　2023年1月　第5刷発行

著……………… 和の技術を知る会
発行者 ………… 水谷泰三
発行所 ………… 株式会社 文溪堂　〒112-8635　東京都文京区大塚3-16-12
　　　　　　　　　TEL：編集 03-5976-1511
　　　　　　　　　　　 営業 03-5976-1515
　　　　　　　　　ホームページ：http://www.bunkei.co.jp

印刷・製本 ……… 図書印刷株式会社
ISBN978-4-7999-0076-5/NDC508/32P/294mm×215mm

©2014 Production committee "Techinique of JAPAN" and BUNKEIDO Co., Ltd.
Tokyo,JAPAN. Printed in JAPAN
落丁本・乱丁本は送料小社負担でおとりかえいたします。定価はカバーに表示してあります。